DE LA CONDUITE DE LE HENNUYER,

EN 1572 :

DÉFENSE

DE MA DISSERTATION DE 1817 ET DE MON OPINION SUR CET ÉVÊQUE.

> *Quis nescit primam esse historiæ legem ne quid falsi dicere non audeat, deindè ne quid veri non audeat ?*
>
> CICÉRON.

Dès 1760 le savant auteur du *Traité des Preuves de l'Histoire* s'exprimait en ces termes judicieux : « On ne lit presque plus les histoires de Maimbourg et de Varillas, parceque ces deux historiens s'écartent perpétuellement de la vérité qui seule constitue l'essence de l'histoire. » Il ajoutait : « Maimbourg, qui a trop imité la crédule superstition des anciens, adoptait les faits sans qu'il se donnât la peine de les examiner. »

Que n'eût pas dit le jésuite Griffet que nous venons de citer, s'il avait été appelé à tirer de leur obscurité et à juger les Mallet, les Héméré et les Texte ?

Au reste, est-ce que l'histoire n'est pas trop souvent, comme le disait Fontenelle, un recueil de fables convenues, sur lesquelles les abbés Lancelotti et Oliva auraient pu porter bien au-delà des deux volumes qu'ils nous ont donnés leur ouvrage relatif aux Impostures de l'Histoire ?

Par exemple, que sont autre chose que des fables et des impostures la plupart des harangues de Tite-Live, les siéges de Vertot, et Denys le jeune se résignant à être instituteur primaire, et Bélisaire aveugle mendiant une obole, et la bibliothèque d'Alexandrie livrée aux flammes par Omar, et le comte Julien ouvrant l'Espagne à l'invasion des Maures pour venger l'honneur de sa fille, et l'invention de la poudre à canon par Roger Bacon au XIIIe siècle ou par Schwartz dans le XIVe, et Bajazet enfermé dans une cage de fer par Tamerlan, et don Carlos exécuté par les bourreaux de l'inquisition, et le mot de Bernini sur l'architecte Perrault, et tant d'autres faits, tant de mots célèbres, les uns plus anciens, les autres plus récens, que les compilateurs alertes n'hésitent pas du tout à répéter sans critique et sans terme pour la plus grande gloire de leurs héros, pour la plus facile expédition de leur labeur et pour l'instruction des lecteurs bénévoles qui les voient faire ainsi, du premier jusque au dernier, le saut contagieux des moutons de Dindenaut ?

Après ce préambule sur tant de fables, j'arrive à la fable de Le Hennuyer, que prétend convertir en fait historique incontestable l'estimable auteur qui publia vers la fin de l'an dernier ses *Recherches* sur cet évêque de Lisieux.

OEuvre de politique perverse et de fanatisme atroce, violant à la fois les lois, la parole donnée, l'humanité et tout ce que l'homme a de plus sacré, le massacre de la Saint-Barthélemi avait été exécuté le 24 auguste 1572 et continué plusieurs jours de suite. Excepté dans un petit nombre de villes, presque toutes normandes, le sang des proscrits avait coulé de la manière la plus odieuse.

Lisieux était au nombre des cités où le sang des protestans n'avait pas été versé :

Sola ferè urbs Lexovea clemens
Abstinuit miserâ et crudeli cœde suorum.

Les registres municipaux, bien conservés encore aujourd'hui, attestent la sollicitude des magistrats civils et du commandant militaire, d'abord pour prévenir les troubles et trois jours après pour empêcher le massacre.

Personne n'avait songé à ravir l'honneur d'avoir sauvé leurs concitoyens dissidens, ni au capitaine Fumichon, ni aux officiers municipaux de Lisieux qu'on appelait Ménagers. Et pour la ville c'était assurément une gloire plus grande que de devoir un acte mémorable d'humanité à un étranger qui avait peu résidé dans ses murs. Aussi l'auteur des *Recherches* et celui du compte qui en a été rendu en décembre dernier dans *le Normand* (l'un des journaux de Lisieux) nous paraissent s'être tout-à-fait trompés en prétendant que « revendiquer en faveur de Le Hennuyer le salut des protestans, c'est rendre à la ville la plus *belle page* de ses annales. » C'est au contraire la lui ravir : certes, cette belle page ne sera pas effacée ; mais l'honneur si bien mérité, si incontestable, d'avoir été courageusement humains ne sera pas enlevé sans preuve et sans raison aux magistrats et au capitaine Lexoviens, pour être livré à l'usurpation évidente d'un homme aussi étranger à notre ville, qu'il le fut à l'humanité ; mais, ce qui doit prévaloir sur toute autre considération, la vérité « qui, selon Griffet, seule constitue l'essence de l'histoire, » dont elle est l'âme comme dit Mabillon, la vérité triomphera ainsi que les hommes d'équité, d'honneur et de courage qui furent fidèles à leur devoir et comprirent bien les intérêts de leur religion.

Il me semble que l'auteur des *Recherches* a manqué à sa sagesse habituelle, quand il a cru, emporté par son zèle pour l'évêque qu'il défend, devoir flétrir la mémoire des véritables sauveurs des protestans lexoviens par ces paroles : « On cherchait à réunir les victimes sous le même poignard. » Où est la preuve d'une si cruelle inculpation ? Le crime ne se présume pas ainsi, surtout quand les faits viennent démentir l'imputation.

Les auteurs qui avaient eu occasion de parler de l'évêque Le Hennuyer, ne l'avaient peint que comme un homme violent et même méchant jusque au bout. Tout-à-coup, plus de 60 ans après l'événement, un moine que nous apprécirons plus bas (le jacobin breton Antoine Mallet,) pour enfler les deux volumes qu'il consacre à l'histoire de ses confrères jacobins, y introduit en fraude, « en prenant l'occasion au poil, dit-il, et comme une des divinités qui s'élèvent au-dessus de la terre, » ce divin Le Hennuyer dont il estropie le nom, altère la biographie, et s'évertue à se coliser avec son voisin Héméré (*Mercure* d'avril 1744 et de juin 1746) pour mentir à la postérité. Le voisin Héméré, chroniqueur sans jugement, s'avise, pour grossir la liste des célébrités de son *endroit*, de faire naître à Saint-Quentin Guyencourt et Le Hennuyer, nés pourtant le premier à Amiens, le second dans le diocèse de Laon ; et fait entrer ce dernier dans l'ordre des dominicains ou jacobins auxquels il n'appartint jamais. Pour rendre plus illustre leur personnage, pendant qu'ils étaient en train, les deux écrivains, qui n'en font réellement qu'un, interprètent, par l'effet d'un grossier anachronisme, sa résistance au roi et représentent ainsi le prélat violent qui s'était opposé en 1562 à la tolérance du protestantisme comme revenant par résipiscence à la mansuétude et s'opposant en 1572 au massacre des protestans.

Tandis que les historiens du XVIe siècle et les plus instruits des deux siècles suivans se gardaient bien d'attribuer à l'évêque Le Hennuyer une démarche généreuse à laquelle il était étranger et dont il n'était pas capable ; tandis que, ni dans la bibliothèque de Le Long, ni dans l'immense collection de Secousse, ni dans aucun des mémoires, ni dans les brochures du tems que je viens de consulter de nouveau, on ne trouve la moindre trace de la fiction de ce Mallet que dans le *Mercure* de 1746 (juin : t. II, page 69,) le chanoine Prévost représente avec tant de raison comme « un auteur tout occupé d'un merveilleux outré, vrai romancier qui se plaît dans les prodiges ; » tandis que les normands Mézerai et Daniel, qui se sont justement placés et maintenus au premier rang de nos historiens, avaient méprisé la fable de Mallet qui, suivant le chanoine Prévost, en a *controuvé* tant d'autres : cette fable invraisemblable avait été admise comme un fait vrai par des compilateurs irréfléchis tels que Maimbourg qui cite à l'appui de ses allégations le *Gallia Christiana* de Claude Robert qui ne dit pas un mot en faveur de Le Hennuyer (*Merc.* de 1742.)

Ainsi parurent, pour exalter cet évêque, Mallet et Héméré écrivant en même tems à Paris dans un cabinet de la Sorbonne leur absurde élucubration, l'une en français, l'autre en latin : témoignage unique (il ne faut pas s'y méprendre) que reproduisit, onze ans après, dans les mêmes termes latins qu'Héméré avait employés, l'informe *Gallia Christiana* de 1656 ; puis Maimbourg expédiant dans le vin, où cette fois ne se trouvait pas la vérité, ses histoires inexactes dans lesquelles, ainsi que l'a dit Griffet, « il ne se donne pas la peine d'examiner les faits; » puis, en 1673, Moréri ébauchant son dictionnaire dont la seule bonne édition est celle de 1759. Tous ces écrivains sont postérieurs au siècle de la Saint-Barthélemi ; tous sont étrangers à Lisieux et même à la Normandie ; tous, ainsi que leurs imitateurs, se sont successivement et servilement copiés, et par conséquent ne sauraient corroborer en aucune manière l'assertion soit de Mallet traduisant Hémeré, soit plutôt d'Hémeré traduisant Mallet ;

> Car il n'importe guère
> Que *Mallet* soit devant ou *Mallet* soit derrière.

Qu'est-ce donc d'ailleurs que l'assertion sans preuve et sans probabilité de Mallet, et d'Hémeré?

Mallet? son indigeste compilation d'inepties et de bévues, péniblement élaborée avec la plus burlesque emphase, fut traitée avec mépris dès son apparition par l'auteur des deux Apologies de l'Université. A cette occasion il dit que, pour défendre ses héros qu'il érige en divinités, « il ne veut pas garder le silence quand on refricasse si souvent ces histoires à notre vitupère, et qu'on grince des dents, contre nous, malgré le succès de ses confrères (les Dominicains) contre les hérétiques qui ne manquèrent pas de punition tout le tems qu'on nous laissa l'exercice de l'inquisition. » Je le crois bien : et j'ai beaucoup moins de foi dans la sincérité de ses faits historiques que dans les honnêtes et clémentes dispositions qu'il manifeste.

Hémeré? Claude Prévost traite de « feseur d'historiettes ridicules et de romancier qui se plaît dans les prodiges » cet écrivain que je crois avoir eu raison de qualifier de chroniqueur sans critique et sans réputation.

Quant à l'abbé Archon et au dominicain Texte, le savant et judicieux abbé Le Beuf dit positivement (*Merc.* de déc. 1748 : « il ne faut pas se fier à Archon » accusé en outre par l'abbé de Camps « de citer avec tant d'infidélité qu'on croit lui rendre justice en avançant qu'il n'a lu ni les auteurs, ni les pièces d'où il prétend avoir tiré ce qu'il avance. »

Le Beuf nous présente Texte comme écrivant avec une grande légèreté et même d'une manière déplacée, et comme se bornant à donner, pour preuve de ce qu'il avance, la citation marginale que Mallet fait d'Hémeré et de son ouvrage : citation mensongère, puisqu'il n'y en a pas la moindre trace « ni dans le corps, ni à la marge, » ainsi que nous l'avons vérifié nous-même.

Voilà bien appréciés les écrivains sur lesquels l'auteur des *Recherches* s'est appuyé. Nous croyons avoir prouvé qu'ils ne méritent pas la confiance dont il les honore et qu'ils ne sauraient balancer les témoignages que nous allons citer, et qui, soit pesés, soit comptés, nous semblent militer victorieusement en notre faveur.

Je persiste à croire que c'est avec un incontestable succès qu'on opposera au récit sans preuve et sans vraisemblance dont nous venons de parler :

1º L'épitaphe si détaillée de 1578, en 34 vers alexandrins, placée dans la cathédrale de Lisieux ;

2º L'ouvrage de De Mouchy et Chenu sur les évêques de France ;

3º Le *Gallia Christiana* de Robert en 1625 ;

4º L'histoire latine du collège de Navarre par le judicieux De Launoy, ecclésiastique normand, qui la fit imprimer en 1677, et qui, consacrant un article spécial à Le Hennuyer, ne dit pas un mot de sa conduite de 1572, qu'il connaissait bien et qu'il n'a eu garde de présenter comme généreuse ;

5° et 6° Les illustres normands Mezerai et Daniel publiant leur *Histoire de France :* le premier en 1651, le second en 1713;

7° et 8° Les abbés lexoviens (ayant eu communication tout à leur aise des archives de l'évêché et du chapitre) Fréard, mort en 1741, et Jean Le Prévost, mort en 1742 ;

9° Le chanoine parisien Claude Prévost (qu'on a eu tort de confondre avec le précédent), dans sa polémique de 1744 à 1746 dans le *Mercure de France* ;

10° L'abbé Le Beuf, l'un des érudits les plus judicieux et les plus infatigables de l'académie des Inscriptions : en 1748;

11° Noël Des Hayes, curé dans le diocèse de Lisieux et ayant fait les plus consciencieuses recherches pour son *Histoire* de nos évêques : en 1754 ;

12° Les savans bénédictins, réformant en 1759 avec discernement les inexactitudes (*fréquentes lapsus*, comme ils disent dans leur préface) du *Gallia Christiana* de 1656;

13° En 1759 aussi, les auteurs du *Moréri* en dix volumes, corrigeant et complétant les ébauches du travail de leur prédécesseur de 1673;

14° Moi-même, si j'ose me nommer, fesant de scrupuleuses explorations en 1814 dans les archives de Lisieux, et publiant en 1817 une dissertation écrite avec conviction, sans intérêt, sans passion, sans autre objet que la recherche de la vérité et l'honneur de ma ville natale : composition honorablement accueillie dans le *Mercure de France*, *la Biographie universelle*, en 1817, et dans le premier volume des *Archives Normandes* en 1824 ; composition, dis-je, que je ne me permets de rappeler ici que parceque personne jusque à ce jour n'avait tenté de me répondre ;

15° et 16° Le suffrage imposant de Millin dans le *Magasin Encyclopédique* en 1817, et de M. du Rozoir dans la *Revue Encyclopédique* en 1829 ;

17° La lettre de l'abbé de La Rue qui, en 1822, traite de *fable l'esprit de tolérantisme* de Le Hennuyer ;

18° M. de Formeville qui a fait paraître en 1840 un bon travail sur les Huguenots de Lisieux.

19° Enfin, M. Floquet, en 1841, qui regarde *(Hist. du Parl. de Norm.)* la tradition sur l'évêque Lexovien comme « un fait que rien n'établit. »

Tous ces auteurs impartiaux, désintéressés dans la question, et même disposés à célébrer la mansuétude de l'évêque phénonème de 1572, pour peu que sa démarche eût été prouvée, tous n'ont nullement hésité, après le plus mûr examen, à repousser du domaine de l'histoire la belle action qui eût tant honoré ce prélat, et qu'on aurait d'autant plus favorablement accueillie qu'elle eût été plus extraordinaire : action que le directeur des consciences si mal dirigées de Diane de Poitiers, maîtresse de Henri II, de Charles IX et de Catherine de Médicis, et que l'ami, le protégé, le conseiller des plus cruels persécuteurs des protestans, eût été indigné de se voir attribuer ; imputation d'une tolérance contre laquelle (si nous voulions laisser usurper cette partie de notre controverse par une prosopopée d'orateur) nous peindrions les mânes de ce prélat hargneux ne craignant pas *de se montrer* encore pour en repousser violemment *(acriter)* l'injurieuse calomnie, car de son vivant il fut toujours d'humeur âcre et de caractère guerroyant.

Je prends pour juges de cette discussion l'auteur des *Recherches* et le public éclairé : il me semble que l'on doit ainsi réduire à sa plus simple et loyale expression la question relative à l'acte d'humanité et de dévoûment attribué à Le Hennuyer :

I. Était-il disposé à la tolérance?

II. Se trouvait-il à Lisieux le 27 auguste 1572, jour où l'on décida du sort des protestans de cette ville?

III. A-t-il parlé et agi en faveur de ces proscrits?

IV. Y a-t-il à Lisieux véritablement tradition orale chez les personnes éclairées sur l'action héroïque attribuée à l'évêque Le Hennuyer?

Examinons successivement chacune de ces questions.

PREMIÈRE QUESTION. La conduite de Le Hennuyer en 1562 contre les protestans; le texte même de son épitaphe, et les expressions de l'historien De Launoy; les vifs reproches que les réformés lui adressèrent après 1572; ses liaisons avec les Guise, le cardinal de Bourbon et surtout le cardinal de Lorraine (oncle du duc de Guise) auquel Le Hennuyer ne devait ses évêchés et ses emplois de Confesseur et de Premier Aumônier du roi, qu'en sa qualité d'homme dévoué et dont il était bien sûr; ses fonctions de directeur de la conscience (qu'il ne dirigea ni vers les bonnes mœurs, ni vers la clémence) de Diane de Poitiers, de Catherine de Médicis, de Henri II, et de Charles IX, tous persécuteurs acharnés, tous ennemis mortels des religionnaires; la défense qu'il aurait dû faire et qu'il ne fit pas, mais que furent obligés de prononcer les officiers municipaux, de jouer à la porte des églises le Mystère de sainte Barbe qui entretenait le fanatisme et exaltait les séditieux :

défense, que, vu son obstination, on fut obligé, le 29 auguste, de réitérer à l'abbé Gautier, « de jouer pour l'année présente et en ces troubles : » tant on redoutait l'effet de ces représentations incendiaires ; sa charge de Premier Aumônier, et à la cour son influence qui ne déclina pas après la Saint-Barthélemi ; son opposition obstinée à l'érection dans Lisieux d'un prêche que, aux termes des édits, les réformés avaient le droit d'établir ; toujours cette violence factieuse qui attaquait les lois ou s'opposait à leur effet ; la déclamation furibonde qu'il desserra le 10 juin 1564, dans le préambule du procès-verbal destiné à constater l'état des reliques de la cathédrale : tous ces faits incontestables démontrent avec la plus lumineuse évidence que Le Hennuyer ne pouvait pas être disposé à une tolérance contre laquelle d'ailleurs s'élevaient sans cesse et sans mesure le pape, la cour de Rome et les cardinaux français.

Deuxième Question. Le Hennuyer n'était pas à Lisieux lorsque on y apprit le massacre de la Saint-Barthélemi, et que les autorités civiles et militaires prirent de sages mesures pour prévenir les troubles et le carnage : précautions que l'auteur auquel nous répondons ne doit pas condamner, parceque elles sont complètement justifiées et par les ordres transmis de Rouen par Carrouges le 28 auguste, et par le succès qui les couronna à Lisieux. Si les proscrits furent ainsi sauvés, et qu'il ne soit nullement question, je ne dis pas de l'invitation, de l'insistance et de la vigueur de résistance de l'évêque, mais même de son simple concours, mais même de sa présence, il faut bien attribuer exclusivement leur salut au capitaine Fumichon et aux Ménagers, ainsi qu'il résulte des procès-verbaux de leurs opérations, conservés à la mairie de Lisieux.

Puisque l'historien d'Auxerre, le savant abbé Le Beuf, dit positivement (*Merc.* de déc. 1748) qu'Amyot se trouvait en 1572 dans son diocèse qu'avec la permission du roi il ne quitta pas de 1571 à 1573, il était nécessaire que Le Hennuyer fût à la cour, ou qu'au moins il ne s'en absentât guères, dans les grandes circonstances qui précédèrent et accompagnèrent les vastes hécatombes de la Saint-Barthélemi. Son apparition à Orbec le 14 septembre, que je suppose exacte et correctement datée, ne prouve nullement qu'il se soit opposé au massacre des protestans, ni même qu'il soit venu de Paris ailleurs qu'à Orbec. J'ajouterai qu'on ne voit pas pourquoi Le Hennuyer qui se rendit à l'hôtel-de-ville pour une simple clé le 8 novembre 1572, ne s'y serait pas présenté le 27 auguste précédent, lorsque il s'agissait de *sauver* ses brebis égarées (*oves evagatas*, comme dit Hémeré).

TROISIÈME QUESTION. Assurément Le Hennuyer n'a ni parlé, ni agi, en faveur des protestans. Le discours et le certificat d'opposition qu'un seul écrivain (Mallet) lui a prêtés sans preuve et que sans examen on a vantés depuis, eussent été trop remarquables pour n'être pas conservés dans les archives de la ville, de l'évêché ainsi que du chapitre, et pour n'avoir pas été cités par nos bons historiens. Qu'on nous présente authentiqués ces actes importans, car c'est à ceux qui articulent un fait qu'est imposée la charge de prouver. Tant qu'ils ne le font pas, nous avons le droit de nier, et c'est même un devoir pour l'historien judicieux. La démarche prétendue du commandant de la place est démentie sans replique : 1° parceque il ne s'appelait pas Livarot, mais Gui du Longchamp de Fumichon ; 2° surtout parceque sa conduite à l'hôtel-de-ville offre la preuve irréfragable que ce commandant ne demanda pas la tête des protestans, mais s'occupa efficacement, de concert avec les Ménagers, de mettre les proscrits à l'abri du danger sans hésitation et sans retard.

Quatrième Question. Une tradition vague, qui sans nul doute provenait de la lecture de Mallet ou d'Hémeré, tradition aussi évidemment fausse que celle qui rapporte que le maréchal de Fervaques fesait par simple passe-tems mourir de faim ou de soif de pauvres moines, et avait péri dévoré par les plus vils insectes dont le corps humain ait à subir les outrages ; cette tradition sur Le Hennuyer, démentie par les vraisemblances et par les registres municipaux, peut-elle suppléer au défaut d'actes authentiques, à l'absence de documens officiels dans les archives civiles ou religieuses, au silence des historiens contemporains ? Peut-elle détruire ce qu'ont affirmé nos écrivains les plus judicieux ? Non, certainement ; ou bien il faudra ajouter foi à tous les récits populaires, aux traditions absurdes des revenans et des sorciers, aux mensonges évidens que l'erreur, l'ignorance, la fraude, et l'amour du merveilleux ont toujours et partout accrédités auprès des gens crédules,
Gens d'esprit faible et de robuste foi.

Quel caractère d'authenticité ont donc les deux réponses si vagues, si dépourvues de preuves, si absolument insignifiantes, adressées aux rédacteurs du *Mercure*, datées l'une de Lisieux, l'autre de Saint-Quentin ? Elles proviennent, plus de 170 ans après l'événement, d'individus inconnus, dont le plus hardi prétend qu'Hémeré *peut avoir eu connaissance* du fait sur lequel auraient dû, ce qu'ils se sont bien gardé de faire, prononcer quelques personnes notables de l'hôtel-de-ville et surtout de l'évêché, où l'on comptait plusieurs hommes éclairés et distingués. Ces personnages, en puisant dans les sources que Fréard, Le Prévost et Des Hayes avaient judicieusement explorées, ou n'ont pas répondu à une question qu'ils n'auront pas jugée sérieuse, ou bien ont adressé des réponses qu'on n'a pas osé montrer.

Louis DU BOIS.

Telle est la réponse que nous avons cru devoir écrire pour défendre notre opinion sur LE HENNUYER et pour réfuter, dans le seul intérêt de la vérité, le système de l'auteur des *Recherches*. Nous ne contestons nullement ni sa bonne foi, ni son talent; mais il nous semble s'être complètement trompé. C'est ce que nous avons essayé de prouver avec tous les ménagemens que nous devons à un écrivain estimable, avec toute la politesse qui doit présider aux discussions, avec toute la sincérité et la franchise qui guident les véritables amis de l'histoire, les zélateurs loyaux de la vérité.

Nous étions donc fondé à penser que le rédacteur du journal *Le Normand* aurait inséré ce travail en janvier dernier, époque à laquelle nous le lui adressâmes. Nous réclamons ici contre ce déni de justice que nous n'avons pas mérité, surtout si on considère que les *Recherches sur* LE HENNUYER, annoncées plusieurs fois dans *Le Normand*, y avaient été au mois de décembre l'objet de deux articles : discussion établie dans laquelle j'ai dû croire juste d'intervenir, pour défendre mon opinion attaquée, et pour chercher à constater la vérité, occupé que je suis à mettre au net mon Histoire, dès long-tems terminée, de Lisieux, ma ville natale.

Pour compléter ce que nous regardons comme une démonstration sans replique, nous ajouterons quelques réflexions succintes.

A défaut des preuves qu'il devrait donner en faveur de LE HENNUYER, l'auteur des *Recherches* n'a réellement recours qu'à des suppositions et à des inductions comme avait fait Mathieu Texte. C'est en effet ce que nous remarquons, pages 68, 69, 70, 74, 77, etc., où l'on dit que le récit *n'a pu* venir que de Lisieux, que Héméré *n'a pu* se jouer de ses compatriotes, qu'il *ne pouvait* rien changer au récit, que le fait a été constamment *regardé comme certain*, qu'on *a pu* vérifier les sources, etc. Toutes ces prétendues probabilités ne prouvent rien, tant qu'on peut leur en opposer de plus vraisemblables, et surtout quand on est en droit d'exiger 1° la représentation des prétendus actes écrits de 1572 ; 2° la preuve de la présence du héros divinisé par Mallet, à Lisieux, le 27 auguste ; 3° la preuve que les registres municipaux, pièces authentiques, ont commis un faux de réticence ; 4° la déposition de deux témoins qui aient vu de plus près que d'un cabinet de la Sorbonne, et plus tôt que soixante ans après l'événement.

Assurément, l'édit du 17 janvier 1562, dû à la haute sagesse de ce chancelier de L'Hospital qui figurera toujours au premier rang des plus illustres ministres qu'ait eus la France, cet édit eût été véritablement un acte de pacification, si les catholiques de ce tems eussent voulu se soumettre aux lois; si, comme le dit l'abbé Anquetil, on n'eût pas « avancé hardiment ces maximes abominables qu'il ne faut pas garder la foi aux hérétiques, et que c'est une action juste, pieuse, utile pour le salut, de les massacrer; » si, moins de deux mois seulement après l'édit, Guise n'eût pas à Vassi fait attaquer sans provocation et égorger impitoyablement les protestans des deux sexes et de tout âge qui exerçaient tranquillement et légalement leur culte.

Peut-on supposer que, après avoir donné tant de retentissement à sa funeste et haineuse opposition, notre évêque n'eût pas fait éclater (et il en eut le tems, puisque il ne mourut qu'en 1578) l'acte de sa générosité? Comment n'aurait-on pas conservé l'acte qui contenait l'expression de sa résistance de 1572 à Lisieux où on avait gardé son opposition si connue de 1562, qui fut officieusement communiquée par un chanoine de cette ville lors des discussions du siècle dernier (*Merc.* d'oct. 1742)? Est-il vraisemblable que, dès le commencement du XVIIIe siècle, époque à laquelle les idées, sinon de tolérance, du moins d'adoucissement dans les persécutions, malgré toutefois quelques recrudescences de cruauté, triomphaient du fanatisme des époques antérieures, le clergé Lexovien eût mis, s'il avait cru, même probable, le dévoûment de son évêque, une sorte d'empressement à faire fondre la table d'airain sur laquelle était inscrite la longue épitaphe de celui qui n'avait pas craint *de se montrer* contre les réformés?

Puisque l'auteur des *Recherches* parle d'un massacre exécuté en Béarn par quelques protestans, le 24 auguste 1569, nous allons jeter un coup-d'œil sur cet evénement.

Je le demande à tout homme de bonne foi, chez lequel les opinions religieuses ne ferment pas accès à l'impartialité de l'examen comme de la discussion, les meurtres lité de l'examen comme de la discussion, les meurtres commis par les Huguenots n'étaient-ils pas l'effet presque nécessaire des longues injustices, de la perfidie, des persécutions, et des innombrables atrocités de tout genre dont les infortunés protestans étaient l'objet depuis tant d'années, durant lesquelles, suivant Anquetil, historien sage et modéré, « le poignard, le poison, le supplice lent du cachot en détruisirent près de deux mille? » Quelques meurtres et quelques désordres commis par eux étaient de cruelles et déplorables représailles sur lesquelles nous gémissons ; mais enfin c'était en 1569, toute répréhensible qu'elle est, la vengeance 1° des violences épouvantables portées, surtout depuis 1520, à tel point que le parlement de Paris, qui pourtant désirait l'extirpation de l'hérésie, ne put s'empêcher de réclamer contre l'arbitraire avec lequel on disposait d'avance des biens des accusés avant qu'ils eussent été entendus : « C'est, dit-il, un brigandage public de nommer pour juges ceux-là même à qui l'on a déjà donné ou promis une part dans la confiscation ; » 2° des atroces exécutions de 1535 où l'on brûlait à petit feu les hérétiques que l'on plongeait durant des heures entières dans les flammes jusque à la plus lente extinction de la vie; 3° des 28 bourgs livrés en 1545 à l'incendie par les fanatiques qui montrèrent, dit De Thou, une inhumanité dont l'histoire des peuples les plus barbares présente à peine des exemples, et qui égorgèrent avec d'épouvantables circonstances les vieillards, les femmes et les enfans, auxquels il était sous peine de mort défendu de donner asile, et qui périrent par milliers soit sous le fer, soit dans les flammes ; 4° du massacre de Vassi exécuté impunément en pleine paix et sans provocation, le 1er mars 1562, sans distinction d'âge ni de sexe; 5° des exécutions autorisées par les dispositions cruelles de plusieurs parlemens, entre autres de celui de Rouen, en 1562; lequel permettait « à tous les catholiques d'arrêter les ministres et prédicans, et de les tuer et mettre en pièces, s'ils résistaient. »

Ce prétendu massacre de « tous les catholiques du Roussillon, du Béarn, de la Navarre, dagués par les calvinistes de sang-froid et sans combat, » dit l'auteur des *Recherches* d'après je ne sais quel Noël, auteur inconnu d'une histoire qu'on ne trouve pas même mentionnée dans Le Long et Fontette, et qui n'existe point à la bibliothèque royale; cette Saint-Barthélemi du 24 auguste 1569, sur laquelle « les écrivains de l'école philosophique se taisent et tirent un épais rideau pour dérober la vue de ce massacre dont ils ne pourraient tempérer l'horreur par le récit de quelques traits d'humanité..... » Eh bien! il faut se hâter de le dire, cette imputation faite aux protestans est une atroce calomnie dont l'auteur des *Recherches* a trop de bonne foi pour s'être fait l'écho, s'il s'était donné la peine, comme il le devait certainement, de vérifier un fait si incroyable. Je l'ai vérifié moi qui, comme l'école philosophique, ne me borne pas à répéter d'après le premier chroniqueur venu ce qu'il lui a plu d'inventer ou d'altérer; moi qui crois qu'il est du devoir d'un honnête homme de discuter les allégations graves avant de les admettre au nombre des vérités, et de ne pas sacrifier ces vérités à des systèmes d'intérêt, soit de secte, soit d'amour-propre. Ici encore l'école philosophique aura le tort d'avoir raison malgré les Noël, les Maimbourg, les Nonnotte et les Loriquet, grands hommes pour l'altération des faits, la mutilation des bons auteurs, les escobarderies frauduleuses, et les restrictions mentales. Ce n'est pas à un écrivain philosophe que je vais m'adresser pour réduire à sa simple et véridique expression la prétendue Saint-Barthélemi de 1569. C'est à l'ardent catholique Favyn, auteur en 1612 d'une histoire de Navarre, in-fol.

Après avoir dit p. 858 que Jeanne d'Albret se voyant en 1566 « mal assurée par la révolte des catholiques de Navarre et de Béarn, » fut obligée de quitter ses états et de chercher un asile en Saintonge, il reprend à la page suivante sa narration ainsi qu'il suit : le comte de Mont-Gomeri étant venu au secours des protestans persécutés par la révolte des catholiques, sujets de la reine de Navarre (l'héroïque mère de Henri IV, à laquelle sans doute il était bien permis de chercher à retenir ses états sous sa domination), Mont-Gomeri « prit de force la ville et le château d'Orthès où le sieur de Terride et les chefs catholiques s'étaient enfermés, lesquels il envoya prisonniers à Navarreins. Les ayant fait venir à Pau, il les fit poignarder de sang-froid. Cette cruelle exécution fut faite le 24ᵉ jour d'août, fête de Saint-Barthélemi. Ceux qui furent ainsi cruellement poignardés étaient les sieurs de Gerdret de la maison de Béarn, de Sainte-Colombe, de Pordiac, de Gohas, et autres, jusque à sept ou huit seigneurs de marque. Cette exécution se fit sous prétexte qu'ils étaient sujets de la reine de Navarre. Ces nouvelles fâchèrent extrêmement le roi Charles qui dès-lors résolut en son esprit de faire une seconde Saint-Barthélemi pour expiation de la première. » C'est ce que plus bas, p. 866, Favyn appèle la *saignée de la Saint-Barthélemi* dans laquelle, *expiant l'exécution* irrégulière peut-être, mais juste, de sept ou huit seigneurs rebelles à leur reine légitime, tous pris sous les armes , par l'épouvantable égorgement de cent mille Huguenots des deux sexes et de tout âge, les catholiques *en dépêchèrent le monde,* comme dit cruellement l'historien de la Navarre!....

C'est donc l'exécution de sept ou huit militaires punis comme rebelles et non comme sectaires, rebelles pris les armes à la main, dans le cas flagrant d'une révolte qui, sans l'arrivée de Mont-Gomeri, pouvait avoir les suites les plus désastreuses pour la généreuse Jeanne-d'Albret, son digne fils Henri IV et pour tout le pays; c'est donc un acte de justice que Noël a eu l'impudence de qualifier de « massacre de tous les catholiques des provinces de Na- « varre, de Béarn, et de Roussillon ! » Le courageux Mont-Gomeri n'était pas cruel, et, dans cette circonstance même qui n'est pas suffisamment connue, on doit croire qu'il ne fit rien de blâmable d'après les mœurs du temps et les lois de la guerre, puisque, lors de son injuste procès en 1574, on ne lui reprocha même pas l'événement de 1569. Quant au crime de Gerdret et de ses complices, je trouve dans l'*Histoire* des troubles du Béarn au sujet de la religion, par un moine barnabite nommé Mirasson, grand ennemi du parti protestant, qu'en 1569 les catholiques du Béarn avaient formé une conspiration pour livrer à l'Espagne et à son atroce inquisition leur propre reine, l'héritière des vertus et du grand mérite de Marguerite de Valois, la digne mère de Henri IV, Jeanne d'Albret, qui usa de tant de clémence à l'égard de ses ennemis qui ne la méritaient guères. « Conjuration noire et méchante, » dit le judicieux De Thou qui en parle pertinemment, ainsi que Montluc dont les séditieux essayèrent en vain de faire un complice ; **soulèvement criminel contre l'autorité légitime et au profit** d'une puissance étrangère, lequel força cette grande prin cesse à quitter momentanément son pays, et rendit nécessaire l'envoi de Mont-Gomeri pour reprendre les places où la révolte montra tant d'acharnement, que ce ne fut qu'à la suite d'un assaut sanglant qu'on put les emporter. Dans une circonstance pareille, qui oserait dire que les ennemis des protestans eussent à leur égard user d'autant de modération et versé si peu de sang?

Assurément les deux partis furent cruels; mais lequel des deux est le plus coupable ou de celui qui prit l'initiative des meurtres et qui pendant cinquante années en poursuivit le cours, ou de celui qui, las d'être si injustement et si long-tems victime de tant d'horreurs, finit par s'écarter de la sagesse de la modération, et répondit par quelques attentats à des attentats innombrables? La raison et l'histoire ont prononcé, d'accord avec la philosophie et les hommes véritablement pieux.

Pour qui est assez éclairé et assez fort pour ne pas prendre parti aveuglément en faveur de tel ou tel système, pour qui est sincère et veut rester impartial, la vérité mérite bien, quelque difficile qu'elle soit parfois à discerner et à constater, qu'on la recherche avec zèle, qu'on l'énonce avec franchise, qu'on la proclame avec courage, sans acception de tems, de lieu, de personnes, ni même de culte. Ce qui fut éternellement et partout criminel, sera criminel en tous lieux et en tous tems; quoique il faille faire la part des circonstances, mais après les avoir judicieusement appréciées.

Ainsi pour l'homme de bien qui voit dans l'histoire autre chose qu'un impitoyable fatalisme, système d'égoïsme glacial et d'immoralité désolante, le XVIe siècle est une horrible époque qui ne le cède pas à celles qui l'ont précédée, et souvent même les surpasse en atrocités prolongées. Ainsi que le disait récemment un écrivain distingué : « Quelques historiens de nos jours, qui cherchent à faire autrement que leurs devanciers, se sont attachés à un certain système optimiste et fataliste qui se réduit à l'apothéose des vainqueurs et au mépris des victimes. » De tels systèmes ne sont assurément pas du progrès, pas plus que le sophisme n'est un bon raisonnement, pas plus que les traditions populaires ne sont des faits avérés.

Il est contraire au véritable intérêt de la religion de prendre la défense des personnages et des faits, qui la déshonoreraient si les hommes de bons sens et de bonne foi ne savaient pas qu'on abuse des meilleures choses, des religions comme de la liberté, de la royauté comme de la république, pour les faire servir au triomphe des plus odieuses passions : les alimens les plus sains, mal employés, peuvent donner la mort; le soc cultivateur peut être forgé en arme destructive. Je dois ajouter que, quoique, à l'aspect des victimes et des bourreaux, ce soit en général aux premières que mes sympathies soient acquises ; et que, en fait de proscriptions et de meurtres, ce ne soit pas les protestans qui aient pris l'initiative ni à beaucoup près commis le plus d'attentats, je me suis fait et j'ai suivi une règle d'absolue impartialité de laquelle je crois ne m'être écarté jamais.

Je regrette que l'auteur des *Recherches* ait scindé ce que j'ai dit des dispositions du clergé de 1572. J'ai dit, et je ne crains pas de le répéter : le clergé catholique, et à sa tête il faut placer le pape Grégoire VII et la cour de Rome, n'ont pas fait preuve de clémence et d'humanité envers les protestans. Mon adversaire assurément n'était pas lui-même dans son droit, quand il a imprimé (p. 101) que je n'avais pas le droit d'écrire que « autant par inclination que par crainte tous les ecclésiastiques durent prendre une part active à une mesure d'extermination qu'ils avaient le tort de regarder comme sainte et comme autorisée même par la bible. » Il cite l'abbé de Bercastel qui prétend sans en donner la moindre preuve que « le clergé de France fit épargner les hérétiques partout où il lui fut possible. » Qu'on nous dise donc où et quand le clergé de cette époque fut indulgent à l'égard de ces dissidens? J'en appèle des assertions gratuites et des inductions non motivées aux récits de l'histoire et aux actes qu'elle rapporte. Est-ce que l'inquisition établie en France dès le commencement du XIIIe siècle par saint Dominique et qui fut si atroce alors en Languedoc ; est-ce que les poursuites continuelles du clergé contre les hérétiques qu'il livrait si volontiers au bras séculier, c'est-à-dire aux tortures et aux bûchers ; est-ce que la ligue; est-ce que les circonstances épouvantables qui suivirent la révocation de l'édit de Nantes n'attestent pas une continuelle et fâcheuse disposition fort opposée à l'indulgence qu'il a plu à Bercastel de vanter si gratuitement ? Est-ce que, même après que l'inquisition française ne put plus fonctionner, ni les dragons convertisseurs égorger sous le règne de Louis XV, est-ce qu'en 1787 un simple édit d'état civil pour le mariage des protestans ne trouva pas encore de l'opposition chez quelques membres du clergé français ?

Il ne faut pas craindre de le proclamer tout haut : ce n'est que depuis les écrits des philosophes du XVIIIe siècle, et depuis les lois sages de la révolution de 1789, que nos ecclésiastiques, abjurant des doctrines surannées pour se soumettre au concordat de 1802, sont devenus plus chrétiens, c'est-à-dire plus humains, plus charitables, plus tolérans.

Voici au surplus la réponse que fait pour moi, en ce qui me concerne personnellement, un historien catholique et pieux, l'abbé Anquetil : « La nouvelle du massacre fut reçue à Rome avec les transports de la joie la plus vive. On tira le canon, on alluma des feux comme pour l'événement le plus avantageux. Il y eut une messe solennelle d'actions de grâce, à laquelle le pape Grégoire XIII assista avec l'éclat que cette cour donne aux cérémonies qu'elle veut rendre célèbres. Le cardinal de Lorraine récompensa largement le courrier et l'interrogea en homme instruit d'avance. »

De telles dispositions, de telles actions, que les chefs n'ont pas dissimulées, peuvent-elles laisser croire que les subordonnés, vivant au milieu de l'irritation des partis, aient témoigné plus d'humanité que leurs supérieurs ? Et lorsque on ne voit que des magistrats et des militaires, bien plus dépendans toutefois que les ecclésiastiques, refuser de concourir au massacre, peut-on croire que le confesseur du roi et de la reine-mère, ordonnateurs des assassinats, ait voulu, ait pu, ait osé s'y opposer, et qu'il l'eût fait impunément ?

Par toutes ces raisons je persiste en ma thèse,

et je crois pouvoir dire comme Dacier : « Mes remarques subsistent. »

LOUIS DU BOIS.

DE
L'INQUISITION FRANÇAISE,

NOTAMMENT EN NORMANDIE.

RÉPONSE A M. J. L. F.

La défense est un droit, souvent même un devoir.
CHÉNIER.

En 1834, il s'éleva dans le Journal de Falaise une discussion assez vive entre feu M. Galeron et un Mr J. L. F. sur la question de savoir si l'Inquisition avait eu des tribunaux en France. J'intervins dans le débat en faveur de M. Galeron, qui soutenait judicieusement l'affirmative contre Mr J. L. F. qui s'obstina à ne pas reconnaître qu'*il y eût jamais eu d'inquisition dans le royaume*, et qui, poussé à bout de disputes et se fâchant comme de raison, prétendit bravement qu'il n'y avait jamais eu *d'Inquisition véritable*. A ce dernier propos je fis à Mr J. L. F. la réponse suivante, et parceque il avait tort de persister opiniâtrement dans son erreur, et parceque il avait tort de se fâcher de quelques plaisanteries qui pourtant n'avaient rien d'offensant ni d'amer.

Voici l'article qui donna lieu à la grande colère de Mr J. L. F.

(Journal de Falaise : 3 octobre 1834.*)*

Je suis comme un docteur, hélas ! je ne sais rien.

Je m'en aperçois souvent, surtout en lisant un article de

M.r J. L. F. dans le n° 36 du Journal de Falaise (3 septembre 1834.) Toutefois, je crois devoir faire à ce sujet quelques observations.

Sans m'occuper des Ignorantins, ni de leurs méthodes surannées, ni de leurs fêtes multipliées, ni de la dureté avec laquelle les très chers frères traitent leurs élèves, souvent à la manière de ce bon M. Cinglant *qui ne connaissait que ça* pour former le cœur et l'esprit de la jeunesse, j'aborde le passage de cet article où M.r J. L. F. prétend réfuter M. Galeron.

Oui, mille fois oui, le fanatisme,

...... puisqu'il faut l'appeler par son nom,

livrait les indévots à la mort pour les plus légères infractions à la doctrine chrétienne. Oui, sous ce François I.er, bravache libertin et dévot sanguinaire, qui protégeait les hérétiques en Allemagne, et qui à Paris fesait sous ses yeux brûler les protestans avec des circonstances atroces, un tribunal de l'Inquisition (et ce ne fut pas le seul qui épouvanta la France) fut établi à Evreux pour toute la Normandie, le 17 septembre 1540 ; et

Ce monument affreux du pouvoir monacal

ne fut pas même le premier de ce genre qui ait dans notre province répondu par la mort aux argumens des indévots. En effet, le 12 juillet 1463, on brûla vifs à Lisieux trois hérétiques que, huit jours auparavant, l'évêque Thomas Basin avait excommuniés et livrés au bras séculier, après que, le même jour, le révérend Robert Gauthier, dominicain INQUISITEUR POUR LA FOI, assisté de discrète personne Guillaume Aubcy, les avait condamnés à la peine du feu.

Le tribunal d'Inquisiteurs, établi à Evreux, ne resta pas oisif. Les bonnes âmes qui y siégeaient condamnèrent entre autres (le 17 mars 1547) quatre hérétiques qui furent brûlés vifs, pour la plus grande gloire de Dieu, comme on disait alors.

On peut lire dans le curieux Journal de l'Estoille que, peu de tems après l'époque où l'infâme Henri III et ses mignons unissaient la plus obscène débauche aux pratiques superstitieuses, « le mardi 7 février 1595, défenses fu- » rent faites de manger chair en carême sans dispenses, » sur peine de punition corporelle, et aux bouchers d'en » vendre ni étaler *sur peine de la vie.*» *Mém.* de l'Estoille, tome III, p. 124 de la nouvelle édition.

En voilà sans doute bien assez pour prouver à Mr J. L. F. que M. Galeron ne s'est pas *trompé.* Comme on voit, ce n'est pas dans les écrits des philosophes du XVIIIe siècle, fort respectables, fort véridiques, et la plupart d'ailleurs très modérés, que l'on *prend toutes ces horreurs* : c'est dans l'histoire contemporaine, c'est dans les actes publics du tems que l'on trouve ces faits et tant d'autres que j'engage Mr J. L. F. à consulter avant d'écrire que les philosophes avaient la bonhomie de dire : « Mentons ! Mentons ! » Ce sont les auteurs des *Fraudes Pieuses* qui mentaient sciemment. Et le grand homme qui, à l'aspect de l'échafaud de Calas et du bûcher de La Barre, terminait quelques-unes de ses lettres par ces mots que l'indignation lui arrachait : « Ecrasons l'infâme ; » l'auteur de l'*Essai sur les mœurs et l'esprit des nations,* insulté par les Riballier, les Nonnotte, les Patouillet et tant de grands hommes de la même farine, Voltaire recevait le titre mérité d'écrivain consciencieux et véridique de la part des plus illustres historiens anglais.

Je suis bien aise de prévenir Mʳ J. L. F. qu'il s'est *trompé* en disant que *les Guise sous Marie de Médicis* avaient échoué dans leurs tentatives pour introduire l'Inquisition en France : elle y avait pris de fortes racines bien avant eux, grâce au bon saint Dominique ; et la Médicis, sous laquelle Mʳ J. L. F. place les Guise, était Catherine et non pas Marie.

Sans doute il est bon d'écraser, si l'on peut, les philosophes et les mécréans ; ce peut être une œuvre pie comme quelques autres ; mais il faudrait tâcher de ne pas dire si rudement à ceux qui citent fidèlement l'histoire, que *leurs assertions sont un échantillon de leurs mensonges* : ce qui n'est ni vrai ni poli, et probablement ne se trouve pas dans la civilité honnête et puérile des Ignorantins. J'en demande humblement pardon à Mʳ J. L. F. que je n'ai pas l'honneur de connaître : il ne doit pas trouver mauvais que je lui dise que ces aménités littéraires servent mal la polémique, et qu'il faut rendre justice à tout le monde, voire même aux philosophes du XVIIIᵉ siècle. Ne perdons pas de vue que nous leur devons ce régime de liberté et de tolérance qui peu-à-peu se propage dans les deux mondes et en chasse à jamais les ténèbres de l'ignorance, les atrocités du fanatisme, et l'oppression du faible et de l'indigent. Ce peut être un grave malheur pour certaines gens ; mais c'est pour la philosophie et l'humanité un glorieux triomphe qui vaut mieux que celui des égorgeurs de la Saint-Barthélemi, que celui des Valverde et des Sépulveda, dévastateurs de l'Amérique, et que ceux des auteurs de tant d'horribles massacres commis au nom de l'infâme, c'est-à-dire du fanatisme.

Sifflez-moi librement ; je vous le rends, mes Frères !

L. D. B.

Dans le n° du Journal de Falaise qui porte la date du 8 octobre 1834, le bon M\^r. J. L. F. se débat de toutes ses forces pour escobarder sur le nom et les fonctions des inquisiteurs : les faits vont lui répondre. Il s'emporte charitablement jusque à prétendre que j'ai montré dans l'article qu'on vient de lire *le plus profond mépris pour les défenseurs de la religion :* en effet et comme toujours,

> Qui méprise Cotin n'estime point son roi
> Et n'a, selon Cotin, ni Dieu, ni foi, ni loi.

C'est ce qu'il faut souvent répéter à certaines gens qui, en désespoir de cause,

> couvrent insolemment
> De l'intérêt du ciel leur fier ressentiment,
> D'autant plus dangereux dans leur âpre colère,
> Qu'ils prennent contre nous des armes qu'on révère.

Puis, du ton le plus rogue du plus lourd pédant, M\^r. J. L. F. desserre quelques grosses injures et rit dans sa barbe d'avoir si bien démontré que *la véritable inquisition n'existait point en France.* Nous allons prouver le contraire, sinon à M\^r J. L. F., du moins aux hommes de bonne foi qui recherchent consciencieusement la vérité.

> Par la sangbleu, Monsieur, je ne croyais pas être
> Si plaisant que je suis.

C'est ce que dit le Misanthrope ; c'est bien aussi ce que je dois dire à M\^r J. L. F, qui se fâche sans s'en douter contre Horace lui-même qui s'exprime ainsi :

> *Ridentem dicere verum*
> *Quid vetat?*

contre Horace, grand poète qui, comme Voltaire, fut à

la fois homme de bon sens, de bon goût et de bon ton, et qui dit avec sa raison accoutumée :

> *Ridiculum acri*
> *Fortius ac melius magnas plerumque secat res;*

et même contre Tertullien, entre autres autorités appartenant à l'église, lequel affirme que « c'est proprement » à la vérité qu'il appartient de rire parceque elle est gaie, » et de se jouer de ses ennemis parceque elle est assurée » de la victoire. Quand on pourra, continue-t-il, se servir » de la raillerie avec adresse, c'est un devoir que d'en » user. » Que n'aurais-je pas à dire sur ce sujet si je voulais citer la XIe lettre contre les jésuites qui eux aussi n'entendaient pas raillerie et auxquels Pascal, pour justifier l'emploi qu'il en fesait, cite les plus graves et les plus saintes autorités : entendez-vous, M^r. J. L. F. ?

Au surplus, M^r. J. L. F. se trompe quand il assure que j'ai fait force plaisanteries contre lui ; il fait plus et pis : il calomnie, lorsque il prétend que « je témoigne le » plus profond mépris pour les défenseurs de la religion et » que je m'affranchis de toutes les convenances. »

Commençons par fixer le point de la question. Mr J. L. F. a dit en propres termes (Journ. de Fal. du 3 septembre) : « IL N'Y A JAMAIS EU D'INQUISITION EN FRANCE. » C'est à cette assertion positive qu'il faut le ramener. Il criera après tant qu'il voudra contre les philosophes du XVIIIe siècle. C'est pourtant un lieu commun bien usé que les criailleries et les calomnies des Fréron, des Nonnotte, des Harel, des Sabatier, des Coger, des Riballier, des Patouillet et de toute cette huaille de clabaudeurs sans modération et sans style, dont se font les échos et les compères les cous-tors et

les casse-cous de la polémique prétendue théologique.
Mr J. L. F. est bien libre de les regarder comme de grands
défenseurs de la religion, à laquelle je me permets de penser que leur faux zèle a nui notablement. Au reste, je le
crois, entre nous, beaucoup plus *en extase devant eux* que
je ne le suis devant les philosophes, même ceux que je vénère profondément : les extases sont infiniment plus à l'usage des dévots que des profanes.

Examinons un peu les aménités littéraires et les plaisanteries de Mr J. L. F. Je le préviens que je regarde comme
plaisanteries :

1° Le titre *d'excellente* donné à l'assommante compilation du *Dictionnaire de France* dont les auteurs s'appuient
sur le jésuite Maimbourg qui, suivant don Chaudon, fesait
des comédies en chaire et même s'enivrait ; sur l'archidiacre Marsollier dont la conduite et les inexactitudes historiques furent sévèrement reprises par don Gervaise ;

2° Cette apostrophe d'un si bon ton et qui ne manque pas
d'annoncer l'air de supériorité : *A l'œuvre, M. l'Erudit!* Ce
qui veut dire modestement : Ah ! M. l'Erudit, nous vous
tenons ; vous avez affaire ici à plus fort que vous ;

3° Cette modérée et charitable accusation : *la religion
est le principal objet de vos attaques*. Et pourtant Dieu
m'est témoin que je n'attaque rien que le fanatisme. Est-ce
que l'adversaire voudrait confondre l'une avec l'autre ?

4° Cette exclamation ironique qui annonce un si bon
cœur : *combien de malheureuses victimes vont être sacrifiées!* Il est vrai que le fanatisme ancien et moderne tant
des juifs que des chrétiens n'a guères immolé que trente-trois millions d'hommes : ce que Mr J. L. F. peut à son aise
regarder comme très *rassurant;*

5° L'assertion que le clergé était étranger au supplice des hérétiques ; comme si, en les déclarant tels et les livrant au bras séculier, il ne savait pas qu'il les envoyait aux tortures et les jetait au bûcher. C'est à peu près comme ce clément ecclésiastique qui se bornait à assommer, parceque l'église ne connaît pas le sang ;

6° L'excuse des poursuites exercées contre de pauvres bouchers, vendeurs de viande en carême, jugés dignes de mort, parceque les *protestans* se permettaient *des railleries contre la loi d'abstinence des catholiques pour lesquels l'exposition de la viande était une espèce d'insulte.* Est-ce que M. J. L. F. croit qu'on ne peut pas répondre à des railleries autrement que par le dernier supplice ? Je pense qu'il en dit ici, sans s'en apercevoir, plus qu'il ne voudrait : car au fond je le crois un bon homme. Quoi ! réellement,

    Rien que la mort n'était capable
D'expier leur forfait ?

7° La substitution frauduleuse des mots : *les philosophes partout très modérés ;*

8° L'accusation d'être *en arrière de l'époque actuelle* sans doute parceque j'ai dit que Voltaire (dont vingt-cinq éditions en 16 ans ont vengé la mémoire, consacré l'immortalité, et propagé les principes de liberté, d'égalité et de tolérance qu'admet aujourd'hui toute la partie éclairée des deux mondes) désignait le fanatisme par ces mots fameux : Ecrasons l'infame !

9° La qualification d'*historique* donnée à une calomnie sans vraisemblance contre les philosophes, accusés d'avoir dit : *Mentons ! Mentons !* calomnie que nous confondrons plus bas ;

10° L'imputation faite à ces philosophes d'avoir *immolé souvent dans un jour plus de victimes que la cruauté des fanatiques*. Cette plaisanterie est la plus forte, et prouve que Mr J. L. F. voit tout en grand, mais qu'il est, lui surtout, fort en arrière de l'époque actuelle qui ne confond pas plus les jacobins de 1792 à 1794 avec les philosophes du XVIIIe siècle, qu'il ne faut confondre avec l'évangile le fanatisme des égorgeurs de la Saint-Barthélemi, et celui des auteurs de tant d'horribles massacres commis sur des hommes, des femmes, des vieillards et même des enfans à la mamelle, non pas pendant deux à trois ans, mais durant des siècles entiers. Citons-lui à ce sujet M. de Châteaubriand : « Prenons y garde, dit-il ; si, exaspérés par le sou-
» venir de nos maux, nous les attribuons tous aux lumiè-
» res, on nous dira que les dévastations du nouveau monde,
» les massacres d'Irlande et ceux de la Saint-Barthélemi ont
» été causés par la religion. »

J'aime à croire que Mr J. L. F., qui prend son érudition dans Maimbourg, dans Marsollier, et dans nos plus lourdes compilations alphabétiques, ne trouvera pas mauvais que j'ajoute aux faits prouvés que je lui ai déjà cités la preuve que, quoi qu'il en ait dit, la sainte inquisition a existé en France ; j'ajouterai même que la *véritable* y a pris naissance.

L'abbé Fleury, qui n'était pas un philosophe du XVIIIe siècle (quoique il ait dit que « les lumières philosophiques
» ne peuvent jamais nuire »), croit (liv. 73, n° 54) trouver l'origine de l'inquisition dans ce concile tenu à Vérone, en 1184, où les pères décidèrent que « tous ceux qui seraient
» déclarés hérétiques seraient livrés à la justice séculière. »

Déjà, au commencement du XIe siècle, Etienne, confesseur de notre reine Constance, et quelques autres individus, soupçonnés d'être suspects de manichéisme, avaient été sans pitié brûlés vifs à Orléans, après avoir été bien et dûment excommuniés (*Fleury*, liv. 58, n° 54).

En 1203, le pape créa une commission pour poursuivre et punir les hérétiques. On peut voir dans les chroniques contemporaines et même dans l'histoire ecclésiastique, tous ouvrages écrits par des catholiques, à quelles horreurs, commises au nom de la religion, le fanatisme porta les principaux chrétiens, papes, légats, cardinaux, évêques, moines, princes et citoyens durant ces sanglantes époques du bon vieux tems.

Pierre de Saint-Cloud fut à l'âge de soixante ans brûlé comme hérétique à Paris, en 1208. (*Réc. des hist. de Fr.* XVII, 83.)

Le quatrième concile de Latran en 1215 contient les canons les plus cruels, et fait des évêques de *véritables* inquisiteurs; et parmi ces évêques il ne faut pas oublier, bien entendu, les prélats de notre France.

Le 22 décembre 1216, l'inquisition française (et certes elle était très *véritable*), fondée par saint Dominique, reçut l'approbation des papes, et s'empressa ardemment, sous la conduite des légats, de plusieurs évêques et de Simon de Montfort, de verser à flots le sang des Albigeois et de brûler, souvent pêle-mêle, hérétiques et catholiques, sauf à Dieu à reconnaître ceux qui lui appartenaient.

En 1229, le concile de Toulouse établit des inquisiteurs « qui feront serment de rechercher exactement les hérétiques dans les maisons, les caves et tous lieux où ils pourraient se cacher.... La maison où on aura trouvé un hérétique sera abattue et la place confisquée. Pour être puni comme hérétique, il suffira d'être jugé tel par l'évêque ou par un ecclésiastique ayant pouvoir. » Les dispositions de ce concile furent en ces points confirmées par les conciles de Melun et de Beziers en 1233, par celui d'Arles en 1234, et par celui de Narbonne en 1236. En conséquence, dans le cours de 1239, à Monthmé (peut-être Montcez, ou bien Sainte-Memmie) près de Châlons-sur-Marne, cent quarante-trois hérétiques furent brûlés vifs en présence de plusieurs évêques ; quelques années après, à Agen, quatre-vingts autres infortunés furent sacrifiés de la même manière. On appelait ces épouvantables exécutions des holocaustes agréables à Dieu (*Fleury*, liv. 81). Le pape Alexandre III régularisa en 1255 les barbaries de l'inquisition.

Ce fut en 1318 que l'inquisition fit brûler à Marseille quatre pauvres cordeliers qui paraissent avoir eu la tête dans un même bonnet pour ne pas reconnaître au pape le droit de statuer par une simple bulle sur la forme très importante sans doute de leurs capuchons. Il est vrai qu'elle avait été sérieusement déterminée en 817 par l'assemblée d'Aix-la-Chapelle ; il ne l'est pas moins que, dans cette affaire capitale, si jamais il en fut, la forme de cette coiffure avait été l'objet des bulles de trois souverains pontifes, Nicolas IV, Clément V, et Jean XXII.

Une ordonnance de Charles VI, datée de 1408, supprima les gages de frère Hugues de Verdun (grand-inquisiteur chef suprême du Saint-Office dans le royaume, lequel résidait dans cette ville de Toulouse où, en 1762, Calas innocent périt du supplice de la roue sous les coups du fanatisme). Ce Hugues touchait ses gages sur le domaine de la Sénéchaussée ; il fut convaincu de ne « pas rendre compte des amendes qu'il recevait et détournait à son profit. »

Ce fut encore l'inquisition, et une inquisition très *véri-*

table qui poursuivit en 1430 l'héroïque Jeanne-d'Arc, et en 1440 le maréchal de Retz ; pour le premier de ces procès fameux, frère Jean Le Maistre fut député pour le diocèse de Rouen ; pour le second, Jean Blouyn le fut pour le diocèse de Nantes.

Qui ne sait que l'inquisiteur Remi se glorifiait d'avoir fait exécuter, dans le cours de quinze ans, neuf cents personnes en Lorraine ; que dans le XVe siècle (avant le calvinisme), il y avait un inquisiteur dans tous les diocèses de France, et qu'en 1540 François Ier, tenant les Grands-Jours à Evreux, y établit le 17 septembre un tribunal du Saint-Office dont, comme à l'ordinaire, les Dominicains eurent la direction ? Frère Thomas Laurenti était déjà inquisiteur de la foi en Normandie lorsque il fit juger sa plainte contre Jean de Quiévremont, official de l'évêché de Baïeux à Caen, et Denis Regnault, avocat du roi en la même ville. L'arrêt du conseil privé du roi est daté d'Evreux le même jour 17 septembre 1540 ; il prescrit de « donner à l'inquisiteur et à son vicaire toute la faveur et aide séculière dont ils auront besoin. »

En 1543, Antoine de Mouchi (Democharès, qui a donné son nom aux mouchards) avait le titre d'inquisiteur-général de France, et présida en cette qualité avec Mathieu Orri au procès du savant Etienne Dolet, qui fut brûlé vif en 1546, lorsque, comme dit Mézerai : « on brûlait les hérétiques par douzaines et qu'on les envoyait aux galères par centaines. »

Notre évêque d'Avranches, Ceneau (*Cenalis*), fut inquisiteur de Normandie en 1557.

Par son édit de Rouen (en juin 1559), Henri II ordonna aux juges de condamner à mort les Luthériens. On coupait la langue aux condamnés, et l'on confisquait leurs biens dont les juges obtenaient une partie : ce qui était, comme on sait, une prime accordée à la multiplicité des condamnations. Aussi cette année qui vit juger comme hérétique et brûler le conseiller-clerc Anne du Bourg, fut-elle féconde en exécutions de ce genre.

Rappelons que le fameux édit de Romorantin interdisait formellement la connaissance du crime d'hérésie aux juges séculiers et *l'attribuait aux prélats*. Au reste, cet édit n'était que la confirmation du concile de 1229, que nous avons déjà cité plus haut, lequel investissait les évêques du droit de nommer un ou plusieurs prêtres, chargés sous la garantie du serment de faire une recherche (*inquisitio*) aussi exacte que fréquente des hérétiques et de *poursuivre leur punition*, après que l'évêque diocésain les aurait eu déclarés infectés d'hérésie. Dieu sait avec quelle sainte colère ces prêtres, assermentés s'il en fut, se ruèrent sur les pauvres dissidens et s'en donnèrent à cœur joie, pourvu que les victimes eussent atteints, les hommes leur quatorzième année, et les filles leur douzième. C'était, il faut en convenir, de bien criminelles hérétiques que des filles de douze ans ! Et parmi ces crimes que les tortures les plus cruelles, et que les bûchers brûlant à petit feu pouvaient seuls expier, on signalait..... faut-il le dire ?..... l'énorme, l'exécrable péché..... de lire la Bible en français. Les fautes des pères entraînaient la ruine de leurs pauvres enfans, de leur infortunée famille. Le concile de Melun en 1233 ordonna même de raser les maisons et de dévaster les lieux que les hérétiques auraient habités, ceux même où ils se seraient momentanément réfugiés. Collot et Carrier n'étaient que de petits garçons en comparaison des auteurs et des exécuteurs de ces atrocités qui ont duré des siècles. Ajoutons que, au nombre des hérétiques poursuivis, il faut placer ces savans qui crurent l'un aux antipodes, l'autre au mouvement de la terre.

D'après l'abbé Magi (Acad. de Toulouse, t. IV), dans son *Mémoire* sur l'inquisition de Toulouse, le Saint-Office y fut établi en 1233 par le cardinal de Saint-Ange; les condamnations dès-lors s'y succédèrent par centaines. Une femme fut condamnée, le 4 avril 1247, à finir ses jours dans une prison pour avoir donné du pain à des hérétiques qu'elle croyait d'honnêtes gens.... Un seul témoin suffisait pour les plus graves punitions. On condamnait même des morts que l'on exhumait pour les jeter dans les flammes. Un mari condamna sa propre femme à l'emprisonnement perpétuel; et les juges étaient tellement accoutumés et endurcis aux atrocités que, dès 1234, le jour de la Saint-Dominique, les inquisiteurs et l'évêque de Toulouse lui-même (Raimond de Felgar) quittèrent un moment le dîner solennel de cette fête pour aller juger à la hâte et faire brûler vive une femme détenue malade au lit : après quoi ils revinrent se mettre à table.

Si Mr J. L. F désire connaître les inquisiteurs généraux en France, je lui dirai que de 1545 à 1573 seulement, six cardinaux eurent ce titre, savoir : les cardinaux de Tournon en 1545, de Lorraine en 1555, de Bourbon en 1557, de Châtillon en 1558, de Guise en 1559, et de Birague en 1573.

Au commencement du XVIIe siècle Anne d'Escars (le cardinal de Givri) était à Rome, pour la France, protecteur de l'inquisition; mais alors, comme un pape philosophe le fit depuis dire à Voltaire, les inquisiteurs n'avaient plus d'yeux ni d'oreilles, pas plus en France qu'en Italie. Ils y avaient fait leur tems. Ce n'était pourtant pas faute de bonne volonté chez quelques fanatiques, tels que ce jésuite Contencin sur lequel le duc de Saint-Simon, qui n'était pas du tout entaché de philosophie ni de libéralisme, s'exprime ainsi (t. XI, p. 361) : « Ce jésuite, revenu en Europe pour les affaires de la Chine et y retournant en 1729, ne put s'empêcher de dire, en s'embarquant au Port-Louis, que dans peu on verrait l'inquisition reçue et établie en France, ou tous les jésuites chassés. Ce mot fit grand bruit et retentit bien fortement jusque à Paris. » J'ajouterai que la Sainte-Inquisition ne fut complètement supprimée que dans le XVIIIe siècle, sur les instances du marquis d'Aignan d'Orbessan, président à mortier au parlement de Toulouse, lequel obtint à cet effet une ordonnance du roi. Ce fut le frère Daydé qui fut le dernier inquisiteur en France.

Au surplus, Mr J. L. F. eût pu lire, dans Mézerai qu'il cite, cette phrase (règne de François II) : « Je ne trouve » point que les évêques se soient servis de l'inquisition » avant le XIIe siècle...... Du depuis ils l'avaient em- » ployée *en quelques occasions*. » C'est que cet illustre historien connaissait sans doute l'inquisition d'Evreux et les bûchers allumés à Lisieux en juillet 1463 et en mars 1547. Nous remarquerons même que l'inquisition française exerçait encore ailleurs ce qu'on a eu l'indignité, il y a peu d'années, d'appeler des rigueurs salutaires. En effet, par un arrêt du 10 ou 20 mai 1491 (car il faut citer scrupuleusement pour n'être pas taxé par Mr J. L. F. d'attaquer la religion), le parlement de Paris défendit « aux évêques » d'Arras, officiers, *inquisiteurs de la foi, et tous autres* » *juges ecclésiastiques* et séculiers, que d'ores en avant ils » usassent, en procès, d'exécutions extraordinaires, de gé-

» hennes, questions et tortures inhumaines et cruelles,
» comme mettre le feu ès plantes des pieds, faire avaler
» huile et vinaigre chauds (brûlans), battre ou frapper le
» ventre des criminels ou accusés, ni autres semblables et
» non accoutumées questions, sur peine d'en être repris et
» punis selon l'exigence des cas. » Ou je me trompe fort,
ou il me semble qu'il faudrait être bien difficile pour ne
pas reconnaître là une *inquisition véritable* et pour ne pas
la trouver établie en France. »

Quant à l'inquisition d'Espagne, celle que probablement
Mr J. L. F. regarde comme la seule *véritable*, elle ne
commença ses tragiques représentations qu'en 1481 avec
tout le luxe de tortures, de décorations, de processions et
d'hécatombes humaines qui l'ont immortalisée. Grâce à la
relaxation ou peine du feu, à la sainte Hermandad, aux
Familiers, au Saint-Office, au conseil de la Suprême, cette
sainte inquisition ne tarda pas à rattraper le tems perdu,
car en moins de trois siècles elle immola 105,294 victimes : calcul qui, suivant Llorente, qui avait été secrétaire
de l'inquisition de la cour, en aurait présenté trois fois plus
s'il eût fait mention des exécutions de Tolède et de Saragosse.
Hélas ! que d'attentats contre l'humanité, sans parler des
inquisitions de Lisbonne, de Goa, etc., etc., et sans compter
plusieurs autres centaines de mille victimes condamnées
à des peines rigoureuses et souvent atroces !.....

Voilà beaucoup d'horreurs sans doute. Elles étaient bien
propres à inspirer à Marmontel cette réflexion dans son
Bélisaire : « La vérité luit par sa propre lumière, et on
» n'éclaire pas les esprits à la lueur des bûchers. » Il est
bon de remarquer que, vers l'époque où le fanatisme immolait Calas et La Barre, cette proposition, regardée comme

mal sonnante, fut censurée par la Sorbonne qui ne put faire mieux, car il est des tems malheureux où la bonne volonté trouve des obstacles.

Quant aux crimes des jacobins, qui n'ont nul rapport à la question que nous traitons ici, j'avoue que ma pénétration ne va pas jusque à deviner pourquoi mon adversaire les place dans son obligeante polémique. Nous lui déclarons nettement que nous ne nous sommes pas bornés à témoigner après coup l'horreur que les crimes de 1792 à 1794 nous inspiraient. Nous avons écrit contre ces forfaits ; et dans le mois de juin 1793 l'auteur de cette Réponse à Mr J. L. F. ne craignit pas de se dévouer à la proscription et à la mort en s'enrôlant dans l'insurrection de ces *fédéralistes* prétendus qui s'armèrent pour renverser la puissance de Robespierre et de Marat. Ces démagogues féroces n'étaient pas des philosophes, quoi qu'en dise Mr J. L. F., car ils proscrivirent Condorcet, Chamfort, Bailly et tant d'autres véritables philosophes du XVIIIe siècle. J'observerai en passant qu'il ne devait y avoir guères de sympathie entre Marat et Voltaire qui avait pris la liberté de se moquer du prétendu Ami du peuple, dans un article littéraire que j'invite Mr J. L. F. à lire, s'il veut bien ne pas borner ses lectures aux mutilations sournoises de l'illustre P. Loriquet, ni à l'illustre P. Maimbourg, qui devrait pourtant proclamer la vérité, s'il est vrai, comme le dit un axiome, qu'elle se trouve dans le vin.

Je crois avoir nettement, pleinement, et non par *des textes vagues et incomplets*, prouvé que l'inquisition, dont avait parlé M. F. G. et dont j'ai cité quelques faits et gestes assez curieux dans le Journal de Falaise du 3 octobre, a *véritablement existé en France*, long-tems avant les

Guise, avant François Ier et Henri II. J'engage Mr J. L. F. à relire (pour me servir de ses expressions), non pas le Moréri, non pas seulement Marsollier et Maimbourg, quelque illustres qu'ils puissent paraître à certaines gens qui sont *en extase* devant les élucubrations du très revérend père Loriquet et du docte abbé Proyart; mais nos bons historiens, sans oublier l'Histoire Ecclésiastique de Fleury qui n'était pas, que je sache, convaincu de partager les opinions des philosophes du XVIIIe siècle, lesquels, quoiqu'on veuille bien le dire, n'ont jamais écrit : Mentons ! Mentons ! Nous supplions humblement Mr J. L. F., qui me paraît beaucoup plus en arrière que les voltairiens, de vouloir bien avoir la bonté de nous prouver que ce mot est *historique*, et cela par *des textes* qui ne soient ni *vagues* ni *incomplets;* que ces philosophes ont affiché cette doctrine du mensonge qui rappèle tout simplement les Fraudes Pieuses des dévots. S'il ne nous donne pas cette preuve aussi positivement que nous lui avons établi l'existence, en France, d'une sainte inquisition très véritable, nous prendrons la liberté grande de regarder, à défaut d'une qualification sévère, son assertion comme une plaisanterie, quoique il n'aime pas que l'on plaisante, ou bien comme étant d'une valeur inférieure encore à ce mot *historique* de madame de Genlis mis par précaution au bas de celles des pages de ses romans qui méritaient le moins de confiance. Si Mr J. L. F. se donnait la peine de remonter aux sources, dans ses doctes élucubrations, il verrait qu'ils ont *menti* et, qui pis est, menti sciemment, les faussaires qui morcèlent avec perfidie une phrase de la lettre de Voltaire à Thieriot (21 octobre 1736), pour lui faire dire ce qu'il n'a ni pensé ni exprimé. Le chantre de Henri IV était alors persécuté pour avoir fait imprimer son aimable

Mondain : il ne voulait pas qu'on lui attribuât l'Enfant Prodigue, parceque cette comédie pouvait rappeler l'attention sur lui, et parceque il voulait que le public la jugeât sans prévention. C'est dans cette circonstance que le proscrit écrivit, dans l'intimité d'une correspondance familière, ces phrases, qui sont pour tout homme de bon sens et de bonne foi fort innocentes :

Ignoscenda quidem, scirent si ignoscere

ceux qui ont toujours le mot de charité à la bouche et la réalité de la rancune dans le cœur : « Le mensonge n'est
» un vice que quand il fait du mal ; c'est une très grande
» vertu quand il fait du bien. Soyez donc plus vertueux
» que jamais. Il faut mentir comme un diable, non pas ti-
» midement, non pas pour un tems, mais hardiment, et
» toujours. Qu'importe à ce malin de public qu'il sache qui
» il doit punir d'avoir produit une Croupillac ? Qu'il la
» siffle si elle ne vaut rien, mais que l'auteur soit ignoré :
» je vous en conjure au nom de la tendre amitié qui nous
» unit depuis vingt ans. Engagez les Prévost et les La Ro-
» que à détourner le soupçon qu'on a du pauvre auteur.
» Ecrivez-leur un petit mot tranchant et net. Consultez avec
» l'ami Berger. Si vous avez mis Sauveau du secret, met-
» tez-le du mensonge. Mentez, mes amis, mentez ! je vous
» le rendrai dans l'occasion. » Il faut en vérité avoir la rage du dénigrement et de la calomnie pour voir ici autre chose qu'une plaisanterie fort inoffensive, n'en déplaise à ceux qui ne peuvent plus être les persécuteurs que de la mémoire de Voltaire. Comme me l'écrivait un littérateur très distingué au sujet de cette lettre à Thieriot, « leur ac-
» cusation, étant *complètement mensongère*, blesse bien

» plus la morale qu'une innocente plaisanterie, consignée
» dans une correspondance privée qui n'était pas destinée
» à voir le jour. » Et quand elle l'eût été, est-ce que cette
plaisanterie est autre chose qu'une ironie spirituelle,
qui ne peut être prise au sérieux que par des méchans ou
par des sots?

Nous avons parlé plus haut des bûchers que l'inquisition
alluma à Lisieux en 1463 et 1547. Nous allons à ce sujet
donner quelques détails pour faire connaître des faits très
peu connus, quoique assurément ils méritent bien de
l'être.

La sorcellerie et l'hérésie étaient regardées comme un
même crime, depuis que les empereurs romains, s'écartant
des voies de douceur de l'église primitive, avaient fait
des lois inhumaines que surpassèrent encore dans leur
excessive rigueur les conciles des VIIe et VIIIe siècles,
ainsi que les souverains pontifes. L'inquisition ayant,
comme nous l'avons prouvé plus haut, été instituée dans
le XIIIe siècle, la poursuite devint plus cruelle et plus générale.
Elle pénétra en France, et s'y fixa long-tems.

Cependant le code théodosien avait établi la peine de mort
contre les sorciers et les *mathématiciens*. Les Capitulaires
n'étaient pas moins barbares; et l'ordonnance de Louis
XIV (juillet 1682) avait aussi prodigué la peine capitale
contre le crime de sorcellerie à l'existence de laquelle
croyait encore, même à la fin du siècle dernier, ce naïf
Mouyart de Vouglans qui crut bonnement avoir réfuté
Beccaria.

Quoi qu'il en soit, même avant que François Ier eut (le
17 septembre 1540) établi un tribunal d'inquisition pour
toute la Normandie, à Evreux, dans le couvent des Domi-

nicains, on brûlait des hérétiques et des sorciers dans notre province, et l'on continua d'en brûler, avec une recrudescence d'ardeur impitoyable, après cet édit qui ne coûtait rien au cœur du monarque qui, comme plusieurs de ses successeurs, joignait au libertinage et à la cruauté les plus réels un vain simulacre de piété dégénérant en minutieuses pratiques de dévotion.

Voici quelques détails sur deux meurtres juridiques commis à Lisieux par le fanatisme. Ces faits ne sont pas connus : je les tire d'un Recueil de notes manuscrites fort curieuses sur notre histoire lexovienne.

Le 12 juillet 1463. Trois sorciers ou hérétiques (car les écrits du tems confondent ces deux qualifications) furent brûlés vifs ce jour qui était un dimanche, entre le faubourg Saint-Désir et la ferme connue sous le nom des Belles-Croix, sur le chemin qui conduit à la commune de La Pommeraie-en-Auge. Le samedi d'après la Saint-Pierre, le 4 juillet, l'évêque Thomas Basin les avait excommuniés, et livrés au bras séculier. Ces malheureux furent prêchés par Guillaume Aubey, vicaire-général de l'évêque, et qui, d'accord avec frère Robert Vattier, de l'ordre des Frères Prêcheurs, c'est-à-dire Dominicain ou Jacobin, chargé par le pape de poursuivre les hérétiques, avait porté le même jour la sentence de mort. Ces trois infortunés, dont je trouve les noms dans la sentence latine que j'ai sous les yeux, s'appelaient : l'une, Catherine, veuve de Pierre Le Bourguignon Catalend, du diocèse de Sainte-Menehould; l'autre, Jean Le Prieur, de la paroisse des Rotours, diocèse de Seés; et le troisième, Jean Hébert, de Cretteville, diocèse de Coutances. Cet arrêt porte qu'ils étaient accusés d'avoir adoré un bouc noir, de l'avoir embrassé à la lueur de flambeaux noirs et peu brillans, de s'être donnés au démon, et d'avoir détruit avec impiété les fruits naissans de la terre et des arbres. Quant à la femme Le Bourguignon, il fut déclaré constant qu'elle avait livré son enfant, nouveau né et vivant encore, au démon qui l'avait égorgé et enlevé comme un tribut qui lui appartenait ; que le dit démon avait été fréquemment son incube, et qu'elle avait pendant dix-huit ans vécu avec un juif nommé Valentin. Le Prieur et Hébert furent déclarés évidemment convaincus d'avoir égorgé un grand nombre d'enfans, de les avoir mis en pièces afin d'en conserver le cœur et la cervelle pour commettre des maléfices, et d'avoir mangé leurs chairs. Parmi les griefs imputés à Hébert, on trouve l'accusation d'avoir soufflé à la figure de quelques personnes certaines poudres de sortilége.

Il paraît que, comme pour les autodafés de l'inquisition espagnole, on avait cru devoir faire choix d'une époque remarquable. Effectivement, ce fut après la fête de Saint-Pierre que l'on offrit à ce patron du diocèse de Lisieux, comme une sorte d'holocauste, le supplice affreux de trois infortunés qui furent sans doute assez hérétiques pour penser qu'on n'avait pas le droit de les punir avec atrocité pour des opinions, mais assez peu sorciers pour se laisser brûler vifs.

Voici les propres termes de la sentence de juillet 1463, laquelle, comme toutes celles de l'inquisition, fut rédigée en latin : «...Quod ipsum dæmonem sub speciem hirci
» nigri cum reverenti prostratione et osculo adorastis, can-
» delas nigras et parum lucentes obtulistis ; vos ipsos
» donastis... fructus arborum et terræ nascentes impiè de-
» vastando. Constat etiam te Catharinam prædictam par-

» vulum, ex utero tuo natum, dæmoni qui eum jugulavit
» et rapuit quasi in tributum et censum, vivum dedisse,
» et ipsum dæmonem incubum frequenter habuisse, in te
» genuisse; Valentinum synagogum per decem et octo an-
» nos frequentasse. Liquet insuper vos Joannem Le Prieur
» et Joannem Hesbert cum multis complicibus vestris, as-
» sumptâ belluarum pessimarum ferocitate, plures infantes
» et parvulos crudeliter occidisse, in partes et frusta eos
» dividisse, retento corde et cerebro eorum ad vestra vene-
» ficia facienda. Constat enim quod carnes eorumdem
» edere non formidastis. Constat etiam te Joannen Hesbert a
» tuo dæmone eductum, pulveres infectos ad vultus hominum
» callidè insufflasse, etc., etc., Anno Domini 1463 die sabbati
» post festum sanctorum Petri et Pauli apostolorum. »

Le concile provincial, tenu à Rouen en 1445, dix-huit ans auparavant, n'avait pas peu contribué à réveiller l'attention et la fureur sur ces absurdités cruelles.

17 mars 1547. Michel Labbey, grand-vicaire et official de l'évêque D'Annebaut, prononça dans la grande salle de l'évêché une sentence contre Simon Léguillon dit Doguet, boucher à Saint-Désir de Lisieux, pour des propos hérétiques dans le sens des Luthériens. On lui fit grâce de la vie; mais il fut conduit en avant de la procession la tête et les pieds nus, portant une torche au poing, et condamné à jeûner pendant un mois au pain et à l'eau, et à rester en prison toute sa vie.

Le dimanche suivant (20 mars) une procession solennelle eut lieu, et Léguillon y fut prêché par un jacobin d'Evreux, qui attirait à ses sermons un grand concours de peuple de la ville et des environs.

Cette sentence ne fut pas la seule qui fut prononcée dans

la séance du 17 mars. Le grand-vicaire Labbey en prononça une autre contre quatre individus, accusés aussi d'hérésie, et qui, après un grand luxe de tortures, comme à l'ordinaire, furent livrés au bras séculier pour être brûlés vifs. C'étaient un cordonnier d'Anglêqueville-la-Forêt, un meunier de Heurtevent, un maréchal de Bourgeauville nommé Jean Labbé, et un particulier de Glos-sur-Orbiquet, lequel s'appelait Bence.

C'est ainsi que, à ces douloureuses époques, on aigrissait des hommes auxquels on ne reprochait que des opinions nouvelles ou renouvelées de l'ancien christianisme, et que l'on fortifiait leur parti par la persécution qui toujours accroît la force des sectes; c'est ainsi qu'on préludait aux massacres et notamment à celui de la Saint-Barthélemi et ensuite aux épouvantables dragonades de la fin du règne de Louis XIV.

Pour terminer, dussé-je être regardé par M⁅. J. L. F. comme un voltairien et comme en arrière de l'époque actuelle, je prie qu'on me pardonne de citer ces beaux vers qui n'ont d'autre tort que d'être sortis du cœur et de la plume de Voltaire :

> A la religion discrètement fidèle,
> Sois doux, compatissant, sage, indulgent comme elle,
> Et, sans noyer autrui, songe à gagner le port.
> La clémence a raison, et la colère a tort.
> Dans nos jours passagers de peines, de misères,
> Enfans du même dieu, vivons au moins en frères.
> Aidons-nous l'un et l'autre à porter nos fardeaux.
> Nous marchons tous courbés sous le poids de nos maux...
> Nul de nous n'a vécu sans connaître les larmes...
> Ah! n'empoisonnons pas la douceur qui nous reste.
> Je crois voir des forçats dans un cachot funeste,
> Se pouvant secourir, l'un sur l'autre acharnés,
> Combattre avec les fers dont ils sont enchaînés.

LOUIS DU BOIS.

Imprimerie de RAYNAL, à Rambouillet.

www.ingramcontent.com/pod-product-compliance
Lightning Source LLC
Chambersburg PA
CBHW070656050426
42451CB00008B/378